I0214925

VARIÉTÉS SINOLOGIQUES N° 19.

天 主

T'IEN-TCHOU

« SEIGNEUR DU CIEL »

A PROPOS D'UNE STÈLE BOUDDHIQUE DE *TCH'ENG-TOU*.

PAR

LE P. HENRI HAVRET, S. J.

———

CHANG-HAI.

IMPRIMERIE DE LA MISSION CATHOLIQUE

ORPHELINAT DE T'OU-SÈ-WÈ.

—

1901.

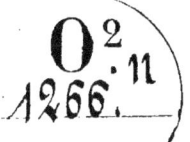

VARIÉTÉS SINOLOGIQUES

N° 1. L'ÎLE DE T'SONG-MING, à *l'embouchure du Yang-tse-kiang*, par le P. Henri Havret, S. J. — 62 pages, 11 cartes, 7 gravures hors texte; réimprimé de 1892..................$ 1.50

N° 2. LA PROVINCE DU NGAN-HOEI, par le même. — 130 pages avec 2 pl. et 2 cartes hors texte. 1893.............épuisé.

N° 3. CROIX ET SWASTIKA EN CHINE, par le P. Louis Gaillard, S. J. — IV-282 pages, avec une phototypie et plus de 200 figures. 1893.....................................épuisé.

N° 4. LE CANAL IMPÉRIAL, par le P. Dominique Gandar, S.J.— II-75 pages, avec 19 cartes ou plans hors texte. 1894....$ 1.50

N° 5. PRATIQUE DES EXAMENS LITTÉRAIRES EN CHINE, par le P. Étienne Zi, S. J. — III-278 pages, avec plusieurs planches, gravures et deux plans hors texte. 1894......$ 4.00

N° 6. 朱熹 LE PHILOSOPHE TCHOU HI, *sa doctrine, son influence*, par le P. Stanislas Le Gall, S. J. — III-134 pages. 1894..$ 2.00

N° 7. LA STÈLE CHRÉTIENNE DE SI-NGAN-FOU, 1ère Partie. *Fac-simile de l'inscription*, par le P. Henri Havret, S. J. — VI-5 pages de texte, CVII pages en photolithographie et une phototypie. 1895..$ 2.00

N° 8. ALLUSIONS LITTÉRAIRES, 1er Série, (1er fascicule, Classif. 1 à 100), par le P. Corentin Pétillon, S. J. —V-255 pages. 1895..$ 4.00

N° 9. PRATIQUE DES EXAMENS MILITAIRES EN CHINE, par le P. Étienne Zi, S. J. —III-132 pages et nombreuses gravures. 1896...$ 2.00

N° 10. HISTOIRE DU ROYAUME DE OU (1112-473 av. J.-C.). par le P. Albert Tschepe, S. J. — II-175 pages, avec 15 gravures et 3 cartes hors texte. 1896........................$ 3.00

N° 11. NOTIONS TECHNIQUES SUR LA PROPRIÉTÉ EN CHINE, *avec un choix d'actes et de documents officiels*, par le P. Pierre Hoang. — II-200 pages, avec 5 tableaux hors texte. 1897..$ 2.50

N° 12. LA STÈLE CHRÉTIENNE DE SI-NGAN-FOU, 2° partie, *Histoire du monument*, par le P. Henri Havret, S. J. — 420 pages, avec 4 cartes et plusieurs gravures dont 11 hors texte. 1897...$ 5.00

N° 13. ALLUSIONS LITTÉRAIRES, 1ère Série, (Second fascicule, Classif. 102 à 213), *avec index de 7000 allusions*, par le P. Corentin Pétillon, S. J. — 270 pages. 1898.........$ 4.00

DÉPÔT.
A *PARIS*, chez Arthur Savaète.

VARIÉTÉS SINOLOGIQUES N° 19.

天 主

T'IEN-TCHOU

« SEIGNEUR DU CIEL »

A PROPOS D'UNE STÈLE BOUDDHIQUE DE *TCH'ENG-TOU*.

PAR

LE P. HENRI HAVRET, S. J.

CHANG-HAI.

IMPRIMERIE DE LA MISSION CATHOLIQUE

ORPHELINAT DE T'OU-SÈ-WÈ.

1901.

Proficiscere in NOMINE DEI
(Commendatio animæ).

Le Père Henri Havret vient de s'éteindre. Condamné depuis un an, mais mesurant ses dernières forces, et rapportant de France une nouvelle ardeur pour l'étude des religions d'Asie, il s'est résumé, méthode, vigueur, labeur, dans l'histoire d'un mot.

La voici d'après les épreuves tombées de ses mains, avec les seules corrections indiquées par lui-même, conformément surtout aux très dévoués conseils de M. A. Foucher (Saigon, 5 septembre). Nulle retouche même à telle ligne où par exemple (page 8) l'expression dépasse sa pensée s'il s'est rappelé l'esquisse épigraphique d'un autre cher mort, G. Devéria, sur l'évangélisation du XIVe siècle (*Journal Asiatique*, 1896).

Son œuvre posthume le louera dans quelques mois. Mais il n'entendait pas qu'on s'arrête, lui qui eût tant écrit s'il eût songé à son propre nom et moins voulu susciter d'abord autour de lui l'effort de trouver et de produire.

Zi-ka-wei, le 29 septembre 1901.

TRANSCRIPTION DES MOTS SANSCRITS.

Pour cette étude, chinoise avant tout, on s'est contenté des ressources typographiques communes, lesquelles suffisent présentement en chinois et dans la transcription sanscrite vulgaire, — mondaine, si l'on veut.

On ne distinguera pas le visarga de l'*h*, ni l'anusvâra de l'*m*, ni des dentales l'*n* vélaire ou les «cérébrales», sauf la sifflante : *sh*, graphie reçue même en France.

La sifflante palatale sera *s'* ; l'*r* voyelle *ri*.

Mais nous gardons le style technique des indianistes :

— *dans nos textes italiques*, quant à l'usage de l'*u*, pure labiale : *buddha*, équivalant au digraphe français *ou* (Bouddha en romaine) ;

— partout, quant à l'usage de l'*e*, pure palatale, qui vaut *ê* ou *é* : *devendra* (non *dévêndra* ni *dévendra*).

ERRATA.

On voulait plus digne de l'auteur cette impression terminée sans lui. Le lecteur excusera des accidents tels que *Ils m'étaient inconnus* mis sans raison en italique, page 1 ; ? pour ? page 2 ; premi-ère pour pre-mière, page 25.

Page 7 bas, lire *Kumârajîva* ; page 27, *Buddha*.

PLANCHES.

Aspect du monument..Frontispice.
Spécimen de l'écriture...Page 20.
Ensemble lisible de l'inscription.............................Page 29.

天主 T'IEN-TCHOU

«SEIGNEUR DU CIEL»!

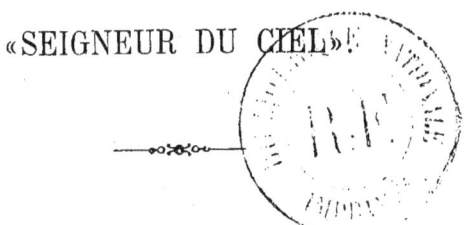

A LA RECHERCHE D'ANTIQUITÉS CHRÉTIENNES.

Il y a peu d'années je rencontrais avec un vif plaisir, dans un ouvrage de la Propagande (1), l'indication suivante, qui me mettait sur la voie d'antiques vestiges du Christianisme dans la Chine occidentale.

«Vicariat apostolique du *Se-tch'oan* N.-O. — Origine. Dans un temple appelé *Ts'ing-yang-kong,* auprès de la ville de *Tch'engtou,* capitale de la province du *Se-tch'oan,* se voit une pierre gravée sous les *T'ang,* c'est-à-dire au VIe siècle de notre ère (2), paraissant à quelques-uns faire allusion aux principaux dogmes de la foi chrétienne. D'autres monuments encore indiquent que la religion du Christ florissait jadis dans cette contrée.»

Il est vrai, la première version de ces faits, à laquelle je me reportai aussitôt, avait été plus affirmative (3). Suivant elle, la Stèle des *T'ang* ne se contentait point de «paraître à quelques-uns faire allusion aux principaux dogmes de la foi chrétienne» *(alludere quibusdam videtur)*; elle y faisait «une allusion ouverte» *(aperte alludit).* D'autres monuments «n'insinuaient» *(insinuant)* pas seulement que la religion du Christ avait fleuri dans ces contrées; ils «l'attestaient» *(testantur)* purement et simplement.

On avait eu sans doute de bons motifs pour modifier ce texte dans les éditions postérieures. *Ils m'étaient inconnus.* Mais cette simple annonce, même ainsi atténuée, restait encore fort intéressante pour les origines du Christianisme en Chine.

---

(1) *Missiones catholicæ,* an. 1895, p. 296.
(2) Il y a là une légère erreur : la dynastie *T'ang,* dans la personne de son premier empereur *Kao-tsou* 高祖, ne date que de l'année 618; elle dura jusqu'en 907.
(3) *Miss. cathol.,* an. 1886, pp. 25, 26.

Elle était, de plus, suggestive. Comment les missionnaires, possesseurs d'un tel trésor au point de vue de l'apologie, s'étaient-ils contentés jusqu'ici d'une mention si vague ? Était-ce le temps, l'occasion, les ressources, qui leur avaient manqué pour décrire en détail ces monuments ? ... Finalement, pensai-je, si d'autres n'ont point envisagé la question sous ce jour, ce n'est point une raison pour que la lumière reste indéfiniment sous le boisseau. Et je fis une démarche pour obtenir une copie de l'inscription de *Ts'ing-yang-kong*.

Le Révérend Père Robert, Procureur de la Société des Missions-Étrangères à *Chang-hai*, accueillit bienveillamment ma demande, et, après quelques mois, je reçus, par ses soins, un précieux paquet, comprenant une photographie du monument, ainsi qu'un frottis-calque de l'inscription, pris sur trois des faces restées plus ou moins lisibles.

J'étais ravi de posséder un tel envoi, qui n'allait point tarder à me révéler ses secrets. Ma joie, hélas ! fut de courte durée : j'étais en présence d'une inscription païenne des mieux authentiquées, et le dieu *T'ien-tchou* 天 主, dont je lisais le nom sur l'antique inscription, n'était autre que le brahmanique Indra, incorporé par faveur au Panthéon du bouddhisme chinois...

Pour éviter à autrui des déceptions semblables, j'ai cru utile de consacrer quelques pages à la Stèle de *Tch'eng-tou* : elles serviront à ceux, nombreux encore, même parmi les missionnaires, qui ne sont point fixés sur certains points de la terminologie chrétienne.

NOMS DU VRAI DIEU EN CHINE.

Depuis deux mille ans, Juifs, Musulmans, Nestoriens, Catholiques, Protestants, se succédant en Chine, et appelés à y choisir une dénomination pour désigner le vrai Dieu qu'ils adoraient, ont épuisé toutes les combinaisons que leur offrait la littérature chinoise. On a vu simultanément la même religion se servir de la transcription, de la composition et de l'emprunt. Nous rappellerons, simplement au point de vue historique, les noms qui furent ainsi adoptés.

1° — La colonie juive de K'ai-fong-fou 開封府, dont l'origine probable remonte au premier siècle de notre ère (1), nous offre, sur des inscriptions datant de 1489, 1512 et 1663, dont la terminologie est évidemment reproduite de stèles plus anciennes, les noms ou caractères suivants pour désigner Dieu (2) :

天 T'ien «Ciel» [Seigneur du Ciel].
眞天 Tchen-t'ien «Vrai Ciel» [Vrai Seigneur du Ciel].
皇天 Hoang-t'ien «Auguste Ciel» [Auguste Seigneur du Ciel].
上天 Chang-t'ien «Ciel supérieur» [Suprême Seigneur du Ciel].
昊天 Hao-t'ien «Auguste Ciel» [Auguste Seigneur du Ciel].
昊天上帝 Hao-t'ien-Chang-ti «Suprême Seigneur du Ciel majestueux».
皇穹 Hoang-k'iong «Ciel auguste» [Auguste Seigneur du Ciel].
帝 Ti «Dominateur».
上帝 Chang-ti «Suprême Dominateur».
淸眞 Ts'ing-tchen «L'[Être] pur et vrai».
至淸 Tche-ts'ing «L'[Être] très pur».
無象 Ou-siang «L'[Être] sans forme extérieure».
無相 Ou-siang «L'[Être] sans figure».
造化天 Tsao-hoa-t'ien «Le Ciel créateur» [Le Seigneur du Ciel créateur].
長生主 Tch'ang-cheng-tchou «Le Seigneur toujours vivant».
道 Tao et 天道 T'ien-tao «La Voie» et «la Voie du Ciel».

Parmi ces seize ou dix-sept vocables, aucun n'est dû au procédé de la transcription, ce qui s'explique du reste assez bien par la crainte superstitieuse des Juifs pour le Nom réputé ineffable.

---

(1) *Var. Sinol.*, N° 17. *Inscriptions juives de K'ai-fong-fou*, par le P. J. Tobar, 1900, pp. 88/91.

(2) *Var. Sinol.*, N° 17. *Inscriptions juives*, pp. 104, 105.

En revanche, les caractères 天 *T'ien*, 帝 *Ti* et leurs dérivés fournissent de larges emprunts faits aux classiques de la Chine. 道 *Tao* est visiblement une réminiscence de *Lao-kiun* 老君; *Ts'ing-tchen* sert en même temps aux Juifs pour leur synagogue et aux Mahométans pour leurs mosquées. Enfin quelques autres termes, dus à la composition, indiquent plutôt des attributs que la Divinité elle-même. Ajoutons que les auteurs des mêmes stèles, pour un nom, il est vrai, moins important que celui de Dieu, le nom d'Abraham, père des croyants, n'ont point hésité à se servir (1) des deux expressions 阿無羅漢, 羅漢 (2), dont la première représente l'*Arhat* chinois-hindou complet, avec intercalation de 無 *ou*, la seconde le même mot abrégé tel que l'autorisait l'usage bouddhique (3).

2° — Les Mahométans, venus en Chine dès le VIIe siècle (4), adoptèrent de bonne heure la nomenclature des Juifs. L'inscription commémorative de la mosquée de *Si-ngan-fou* 西安府, datant de 742, et précieusement conservée dans les recueils de la secte, consacre l'emploi du mot 上帝 *Chang-ti*, puis du mot 天 *T'ien*, soit seul, soit en composition, comme dans 畏天 *Wei-t'ien*, 事天 *Che-t'ien*, 昊天 *Hao-t'ien*, 敬天 *King-t'ien*. «Le principal objet de cette religion est le Ciel créateur»… 以化生萬物之天爲主; phrase qu'ailleurs un auteur musulman explique en disant qu'il faut prendre le mot *T'ien* dans le sens de *Tchou* «Maître». Une inscription de 1526 débute de cette façon : 今夫天化生萬物之主也 «Le Ciel, c'est le Seigneur qui a créé l'univers». Et elle

---

(1) *Ibid.*, pp. 36; 58, 63; 65 et 63; 65.

(2) C'est par erreur que j'ai écrit 阿羅 au lieu de 羅漢 dans : *Quelques notes extraites d'un commentaire inédit*, p. 11.

(3) Cf. Eitel, *Handbook*, au mot *Arhan* (al. *Arhat*) : 阿羅漢 ou 羅漢.

(4) La tradition musulmane chinoise fait remonter à la période 開皇 *K'ai-hoang* (581-600) l'introduction du Mahométisme en Chine : 隋開皇中其教遂入於中華 (Stèle de la Mosquée de *Si-ngan-fou*, 勅建清眞寺碑記, de l'an 742). Il y a là une erreur évidente, puisque l'Hégire ne date que de 622. La date des années *K'ai-hoang* ne me semble pas pour cela à rejeter : une colonie arabe a pu se fixer en Chine vers cette époque, et se voir, au commencement des *T'ang*, renforcée par des disciples de Mahomet. La préface du 天方聖教 accentue l'erreur de la Stèle, en faisant remonter à l'an 587, l'envoi en Chine par Mahomet de 塞爾帝斡歌士, avec les livres saints 天經三十冊; l'arrivée par mer de ce dernier à Canton, et la construction de la mosquée 懷聖寺. Cf. *Le Mahométisme en Chine*, par Dabry de Thiersant, Tom. I, pp. 20, 68 not. 2, 152. — L'auteur de la susdite préface indique, comme source de ses informations, les ouvrages : 一統志, 隋書殊域志, 周咨錄. Le 大明一統志, le seul de ces trois ouvrages que nous ayons pu consulter, porte (90e *K.*, 默德那國) : 隋開皇中. 國人撒哈八撒阿的斡葛思. 始傳其教入中國. — Nous regrettons de n'avoir pu consulter le travail de M. Devéria, sur les *Origines de l'Islamisme en Chine*.

use, ainsi qu'une autre de 1405, des expressions confucéennes : 敬天 King-t'ien, 天道 T'ien-tao, 天理 T'ien-li, 上天 Chang-t'ien, 報天 Pao-t'ien, 事天 Che-t'ien, 帝 Ti, etc.

Dans leurs préfaces et autres ouvrages traitant de religion, les auteurs mahométans se servent le plus souvent, pour désigner Dieu, des expressions : 眞主 Tchen-tchou «Vrai Seigneur», 主宰 Tchou-tsai «Seigneur, gouverneur», 主 Tchou «Seigneur», tantôt seules, tantôt précédées d'un qualificatif. Mais ils ne s'interdisent pas l'emploi de vocables empruntés aux Lettrés, ainsi qu'on peut le voir dans la Vie de Mahomet 天方至聖實錄年譜 T'ien-fang-tche-cheng-che-lou-nien-pou (1). Là, par exemple, l'article capital Tch'ong-fong 崇奉 «Du culte», débute par ces paroles : 崇奉聖人之敎. 以盡事天之道也. 聖人之道. 卽天道也. 聖人之敎. 卽天道流行者也. etc.

Je possède en outre une longue note chinoise manuscrite venant de nos anciens missionnaires (2) et relevant l'emploi des expressions désignant la Divinité dans trois ouvrages musulmans (3). Je reproduis cette liste comme je la trouve. Outre le titre de 清眞 Ts'ing-tchen, on y voit :

上帝 Chang-ti, 11 fois.

主宰 Tchou-tsai «Maître, gouverneur», 18 fois.

天 T'ien, 33 fois.

天 T'ien, précédé d'un verbe (敬天 King-t'ien, 畏天 Wei-t'ien, etc.), 24 fois.

天 T'ien, suivi d'un substantif (天命 T'ien-ming, 天理 T'ien-li, etc.), 46 fois.

天道 T'ien-tao, 2 fois.

昊天 Hao-t'ien, une fois.

萬物之主 Wan-ou-tche-tchou «Maître de toutes choses», une fois.

造物者 Tsao-ou-tché «Le Créateur», une fois.

Ne possédant pas les ouvrages qui ont inspiré cette nomenclature, nous ne pouvons la contrôler; mais nous la donnons avec confiance, vu son origine et aussi la fidélité d'un compte-rendu semblable sur les inscriptions juives, inséré dans le même manuscrit.

On le voit, les appellations confucéennes de la Divinité ne gênèrent jamais plus les Musulmans que les Juifs (4).

---

(1) Init. et Kiuen 19, 20.

(2) Elle faisait partie de l'achat fait à Paris par le P. Brucker d'anciens documents soustraits à la Compagnie. Cf. Inscriptions juives de K'ai-fong-fou, p. II, not. 1.

(3) Ces ouvrages sont : 正敎眞詮 Tcheng-kiao-tchen-tsiuen; 四篇要道便蒙淺說 Se-pien-yao-tao-pien-mong-tsien-chouo; 清眞敎玫 Ts'ing-tchen-kiao-k'ao.

(4) C'est donc à tort que certains missionnaires ont affirmé le contraire. Cf. Relation abregée de la nouvelle persecution de la Chine, trad. de l'italien par le R. P. (Dominicain) François Gonzalés de S. Pierre, 1712, pp. 80, 81.

J. Legge l'avait pressenti dans *The notions of the Chinese concerning God and the Spirits* (1852, pp. 132, 133). — Dabry de Thiersant *(Le Mahométisme en Chine,* Tom. II, pp. 40, 41) l'établit d'une façon plus précise encore, par des citations du 天方典禮. Le mahométan *Lieou Kiai-lien* 劉介廉, l'auteur connu de ce dernier ouvrage, de la Vie de Mahomet, etc., regarde les expressions 天 et 上帝 comme aussi orthodoxes que 主, 主宰, 眞主, 眞宰, qu'il emploie tour à tour. Palladius a rappelé que le premier ouvrage musulman chinois, paru en 1642, essayait de montrer les rapports du Confucianisme et du Mahométisme.

3° — Des Nestoriens qui entrèrent en Chine en 635, il ne nous reste qu'un monument, la fameuse inscription de *Si-ngan-fou,* composée par *King-tsing* 景淨 en 781. Pour désigner le vrai Dieu, l'auteur débute par une série d'attributs: vérité, aséité, spiritualité, éternité, création, sanctification, que le lecteur pourra lire dans le texte original (1). Il emploie en passant l'expression 元尊 *Yuen-tsuen* « Le premier [Être] digne d'hommages ». Enfin il nous donne cette dénomination complexe: 我三一妙身无元眞主阿羅訶 « L'Être admirable de notre Unité trine, vrai Seigneur sans commencement, *Alaha* ». Ainsi, emploi simultané de qualificatifs, du nom déjà connu *Tchen-tchou*, enfin de la transcription d'un mot syriaque, tel est le procédé de *King-tsing* pour désigner la Divinité.

Cette inscription ne reproduit pas les mots 天 *T'ien,* 上帝 *Chang-ti.* Peut-on conclure rigoureusement du silence de cette pièce unique, qu'ils aient été répudiés comme superstitieux par les Nestoriens? Plusieurs ont cru pouvoir répondre affirmativement; par exemple, le P. Franciscain Antoine de Sainte-Marie et l'abbé Renaudot (2). Évidemment la conclusion dépasse les prémisses.

Ce que l'on peut déduire beaucoup plus clairement des appellations de notre Stèle, c'est que l'orthodoxie des Nestoriens de cette époque se montrait aussi peu scrupuleuse que possible en pareille matière. Passe encore qu'ils aient emprunté au *Tao* 道 de *Lao-tse* 老子 toute la série des attributs divins: l'éternité (常), la vérité (眞), la tranquillité (寂), l'antériorité (先), l'intelligence (靈), l'indépendance (虛), la profondeur (窅), la spiritualité (妙), la mystérieuse causalité (玄) de tous les êtres (衆妙). Passe encore pour le mot *Tsuen* 尊 « noble, vénérable », attribué à Dieu, puis au Messie; c'était un titre caractéristique donné aux patriarches et à certains saints du Bouddhisme, traduisant *l'Arya* (3)

---

(1) *Variétés Sinolog.,* N° 7. *La Stèle chrétienne de Si-ngan-fou,* Ière Partie, 1895, pp. XV, XVI.

(2) Cf. *Quelques notes, etc.,* p. 3.

(3) Cf. *Handbook* d'Eitel, au mot *Arya.* L'*â* majuscule nous manque pour l'instant; lire *ârya, âryas,* ici et au texte.

sanscrit ; c'était, *cum addito,* tantôt le nom des *Devas Aryas* 天尊, tantôt l'une des dénominations les plus habituelles du Bouddha : 世尊, 普尊, 上尊, 大尊, 聖尊, etc. Bien plus, *Yuen-tsuen* est appliqué depuis longtemps à la première personne de la Trinité taoïste (三清), dans l'expression 元始天尊.

Mais la dénomination complexe, qui exprime plus strictement la notion du Dieu des Chrétiens, ne renferme pas un trait qui ne soit emprunté. Car, en dehors du mot *Tchen-tchou* 眞主 «vrai Seigneur», reçu par les Mahométans, et lui-même imité du *Tchen-tsai* 眞宰 «vrai Gouverneur» et du *Tchen-kiun* 眞君 «vrai Prince» de *Tchoang-tse*, ainsi que du *Tchen-t'ien* 眞天 «vrai [Seigneur du] Ciel» des Juifs, 1° *San-i* 三一 (litt. «Trois Un», ici «Trine Unité») lui-même n'avait pas le mérite de la nouveauté : on l'avait emprunté, matériellement du moins, dans les Annales de *Se-ma Ts'ien* (1) et dans l'Histoire des *Han* (2), à la cosmogonie ou théogonie chinoise. Les Taoïstes le connaissaient également. 2° *Miao-chen* 妙身 était une expression bouddhique déjà connue (3). 3° Quant à la transcription 阿羅訶 *Alaha*, tant prônée par l'abbé Renaudot (4) et par quelques missionnaires protestants de notre siècle, elle constitue le plus audacieux emprunt que *King-tsing* se soit permis dans sa mosaïque. J'avais cru longtemps que ce mot était bien d'origine nestorienne, contemporain d'Olopen (635) ; et je trouvais déjà hardi cet assemblage de caractères, rappelant de si près l'*Arhat* sanscrit 阿羅漢 (5). Mais aujourd'hui le doute n'est plus permis ; la transcription 阿羅訶 se voit dans des ouvrages bouddhiques antérieurs de plus de deux siècles à l'arrivée d'Olopen, par exemple dans le *Miao-fa-lien-hoa-king* 妙法蓮華經 (1ᵉʳ, 2ᵉ, 7ᵉ K.) de *Kumarajîva* (402 à 412), où il entre plusieurs fois comme second titre du Bouddha dans l'expression 多陀阿伽度·阿羅訶·三藐三佛陀. *Tathâgata-Arhat-Samyak-sambuddha* (6).

---

(1) Cf. 史記 *Che-ki* (Chap. 封禪) : 古者天子三年壹用太牢·祠神三一·天一·地一·太一·

(2) Cf. 前漢史 (Chap. 郊祀志, 上) : 古者·天子三年一用太牢祀三一·天一·地一·泰一· «Dans l'antiquité, l'Empereur, tous les trois ans, offrait un grand sacrifice aux Trois Unités : le Ciel, la Terre et le Chaos.» Le Dictionnaire de *K'ang-hi*, citant ce dernier texte, ne laisse aucun doute sur la lecture 三一 du *Che-ki*.

(3) Cf. *Handbook*, au mot *Padmôttara*. — Le 賢劫千佛名經 de la pagode *Tch'ong-ming-se* 崇明寺 de *Kiu-yong* 句容, donne, sous le n° 424, un Bouddha du nom de *Miao-chen-fou* 妙身佛.

(4) Cf. *Anciennes relations des Indes et de la Chine*. Paris, 1718, pp. 241 et 343.

(5) Cf. *Quelques notes, etc.*, pp. 6 à 11.

(6) C'est à l'obligeance de M. Pelliot que je dois d'avoir été mis sur la voie de cette constatation, et je suis heureux de lui en exprimer ici ma reconnaissance. — Le commentaire chinois du *Miao-fa-lien-hoa-king* porte : 阿羅訶·此云應供；et 阿羅漢·(義翻殺賊·亦曰不生·) 亦云應供·

Après ces remarques, le lecteur sera moins étonné de voir le lettré païen *Liang Siang* 梁相, composant en 1281 une inscription commémorative pour une église nestorienne de *Tchen-kiang* 鎮江, appeler 佛 *Fou* «Bouddha», le Dieu qu'on y adore (1). Il n'y a du reste aucune conclusion à tirer de ce fait, si ce n'est l'ignorance personnelle du rédacteur par rapport à la religion dont il parlait. D'autres lettrés avant lui avaient commis une confusion identique à propos de la religion de *Ta-ts'in* 大秦 (2), et le P. Gaubil a eu l'indulgence de les excuser en ces termes : «Beaucoup de Chinois habiles, soit anciens, soit modernes, n'ont nullement voulu désigner par le caractère *Fo*, cette idole indienne appelée *Fo*, mais en général ce qui est l'objet d'un culte religieux, sans trop examiner quel est l'objet de ce culte religieux.»

4° — Il nous faut maintenant aller jusqu'à la fin du XVIᵉ siècle, pour continuer notre examen; car il ne nous reste aucun document chinois des travaux apostoliques entrepris au moyen-âge par les missionnaires Franciscains.

Dès les premières démarches de Ruggieri auprès des autorités chinoises pour obtenir de résider en Chine, nous voyons ce Jésuite se servir, pour désigner Dieu, de l'expression «Seigneur du Ciel» (3). Quelque temps après, en Septembre 1583, quand Ruggieri, cette fois accompagné de Ricci, est rappelé à *Tchao-k'ing* 肇慶 par le nouveau vice-roi (4), il trouve l'autel qu'il a laissé en dépôt à un jeune bachelier encore païen, décoré de «deux grands characteres, comme s'ensuit; *Thien-chu (T'ien-tchou* 天主), *Au Dieu du Ciel*... Cela remplit les Pères de la douceur d'vne ioie celeste quand ils virent qu'en fin maintenant au moins apres tant de siecles d'ignorance, il s'en trouuoit quelqu'vn qui inuoquoit le nom du vray Dieu (5)». Quelques mois après, quand les Pères eurent bâti une chapelle, ils conservèrent ce vocable. «Et ce nom, écrit Trigault, qui a esté imposé dez les premiers commencemens, a esté continué encor iusqu'auiourd'hui, soit qu'il

---

(1) J'ai donné le texte de cette inscription dans les *Var. sin.*, N° 12. *La Stèle de Si-ngan-fou*, pp. 385, 386.

(2) Cf. Gaubil, *Histoire des Tang*, dans les *Mémoires concernant les Chinois*, Tom. XVI, pp. 228, 229; 379, 380. De Guignes, à qui on a reproché, non sans quelque raison, d'avoir copié la même observation dans les notes manuscrites de Gaubil sans nommer sa source, s'étend longuement sur ce thème, qu'il exagère, dans un mémoire lu à l'Académie, puis dans son *Histoire des Huns* (Cf. Tom. I, pp. 30, 46, 50; Tom. II, pp. 233, 234, 240, 393; Tom. V, p. 359). Plus récemment, Hirth, dans *China and the Roman Orient* (pp. 63, 284, etc.), apporte de nouveaux exemples à l'appui de cette confusion des lettrés chinois.

(3) *Histoire de l'Expedition chrestienne au Royaume de la Chine*, par le P. Nic. Trigault, trad. par de Riquebourg. Lyon 1616, pp. 254, 263.

(4) Cf. *La Stèle*, etc., 2ᵉ P, p. 6.

(5) *Hist. de l'Expedition*, etc., pp. 266, 267.

arrive de nommer Dieu en discourant, soit en escrivant des liures, encor qu'en apres pour plus grand esclaircissement on l'a aussi appelé de plusieurs autres noms, entre lesquels ceux-ci sont les plus renommez et vsitez : *Souverain moderateur de toutes choses, Premier commencement de toutes choses,* et autres semblables (1).» Nous verrons bientôt à quoi ces derniers mots font allusion.

De fait, à partir de Ricci, il n'y eut jamais d'interruption dans l'usage de l'expression *T'ien-tchou*. C'est le nom que ce missionnaire choisit pour titre de son œuvre capitale 天主實義 *T'ien-tchou-che-i* «Vraie notion du Seigneur du Ciel», au moins pour les éditions de *Pé-king* (2). Il ne craint pas, dans son mémorial d'introduction à la Cour, en Janvier 1601, d'attribuer trois fois à Dieu le même nom, dans les expressions 天主圖像 «Image du Maître du Ciel», 天主母 «Mère de Dieu», 天主經 «Prières chrétiennes» (3). Et de cette lointaine époque datent les trois vocables désormais exclusivement consacrés par un usage rendu public : 天主堂 *T'ien-tchou-t'ang* (4) «Temple du Seigneur du Ciel», 天主教 *T'ien-tchou-kiao* «Religion du Seigneur du Ciel», 天主降生 *T'ien-tchou-kiang-cheng* «Incarnation du Seigneur du Ciel». Nous retrouverons, en 1650, ces trois expressions affichées par le P. Schall au fronton de la première église publique qu'il vient d'élever à *Pé-king*.

Ricci était donc loin d'être hostile à l'emploi du mot *T'ien-tchou*, qu'il a lui-même illustré plus que tout autre. Mais, après une longue étude des livres canoniques de la Chine, il ne crut pas non plus devoir condamner les mots *Chang-ti* «Souverain Seigneur» et *T'ien* «Ciel», qui se trouvent dans ces livres, et qui lui semblent avoir désigné dans les premiers siècles la Divinité (5), bien que plus tard, c'est-à-dire «depuis cinq cens ans», beaucoup de Lettrés, obscurcissant ces notions primitives, soient devenus panthéistes ou athées (6).

Cette tolérance trouva des oppositions : quelques missionnaires du Japon en conçurent, paraît-il, des scrupules, et Longobardi, qui avait succédé en 1610 à Ricci comme Supérieur de la mission de Chine, lui fut également contraire. L'essai, tenté alors (7), de

---

(1) *Ibid.*, pp. 278, 279.

(2) Une première édition de cet ouvrage paraît avoir été donnée à *Tchao-k'ing*; la seconde, en 1595, à *Nan-tch'ang-fou* 南昌府 (Cf. *Hist. de l'Exp. chrest.*, etc., pp. 285, 526). Ce livre a eu plusieurs autres éditions, à *Pé-king* et ailleurs. Les premières éditions portaient le titre 天學 *T'ien-hio* «Science du [Seigneur du] Ciel».

(3) Cf. Couvreur dans *Choix de documents*, pp. 80, 82.

(4) Parfois on lui a substitué, à titre privé, l'appellation 欽一堂 *K'ing-i-t'ang* «Le Temple où l'on adore l'Unique».

(5) *Hist. de l'Exped. chrest.*, etc., p. 165.

(6) *Ibid.*, pp. 166, 168, 188.

(7) C'est par erreur, semble-t-il, que le P. Cibot *(Essai sur la langue chinoise*, dans *Mémoires*, etc., Tom. VIII, not. 62) regarde cet essai comme une première manière de Ricci.

la transcription *Teou-se* 陡 斯 pour *Deus,* et dont nous parle le Dr Léon (1) en 1625, comme d'un fait contemporain, paraît avoir eu peu de succès et n'a laissé de traces que dans quelques livres catholiques écrits vers cette époque. En réalité, le jugement de Ricci prévalut pratiquement pendant tout un siècle ; dans les ouvrages nombreux édités par les missionnaires et par les Docteurs chrétiens à cette époque, l'expression confucéenne, du reste cent fois expliquée dans le sens orthodoxe, coudoyait fraternellement le mot *T'ien-tchou* (2), celui-ci pour le peuple, celle-là pour les Lettrés....

Le 26 Mars 1693, Ch. Maigrot, des Missions-Étrangères, Vicaire apostolique du *Fou-kien* sans caractère épiscopal, publia pour les missionnaires de son vicariat, un mandement dont le premier article regarde l'appellation de Dieu. Le voici, tel que nous l'offre la version française de 1709 (3) : « Premierement, Nous ordonnons que puisque les termes dont on se sert en Europe pour exprimer le nom de Dieu, lorsqu'on les écriroit ou qu'on les prononceroit en chinois, auroient toûjours je ne sçay quoy de barbare ; on se servira pour signifier Dieu, du mot chinois *Tien chû (T'ien-tchou),* qui est depuis longtemps reçû par l'usage, et qui veut dire, *Le Seigneur du Ciel;* en sorte que ces deux autres termes chinois *Tien,* c'est-à-dire *le Ciel,* et *Xanty (Chang-ti), le souverain Empereur,* soient tout-à-fait rejettez ; et qu'il soit encore moins permis de dire que ce que les Chinois entendent par ces deux mots *Tien* et *Xangty* soit le Dieu que nous autres Chrétiens adorons. »

Les Jésuites en appelèrent au Souverain-Pontife et l'on poursuivit à la Cour romaine l'examen de la question en litige. Le 20 Novembre 1704, Clément XI approuvait les réponses faites par la S. Congrégation, et conformes au mandement de Maigrot (4). Charles Thomas Maillard de Tournon, Patriarche d'Antioche, était envoyé en Chine avec mission d'en exiger l'exécution de la part des missionnaires. Par son mandement, daté à *Nan-king* 南京 du 25 Janvier 1707, et publié le 7 Février suivant, le Patriarche imposa aux missionnaires, sous peine d'excommunication, plusieurs règles conformes aux décisions de la Cour de Rome, qu'il avait jusque-là tenues secrètes. Désormais les missionnaires « répondront négativement s'ils sont interrogez, sçavoir si le *Xamti* ou le *Tien* sont le véritable Dieu des Chrétiens. »

Cette décision fut confirmée le 25 Septembre 1710 par un nouveau Décret, et le 19 Mars 1715 par la Constitution *Ex illâ*

---

(1) Cf. *La Stèle,* IIe P., p. 409. 今 云 陡 斯 · 碑 云 阿 羅 訶 ·

(2) Cf. *Traité sur quelques points importans de la Mission de la Chine,* par le R. P. Anthoine de Sainte Marie, 1701, pp. 56, 57. — *De Ritibus Sinensium,* pp. 8 et 111.

(3) *Decret de Nostre S. P. le Pape Clement XI sur la grande affaire de la Chine,* 1709.

(4) Cf. *Decret de Nostre S. P.,* etc. pp. 132 et seqq.

die de Clément XI. Enfin Benoît XIV a ratifié solennellement cette disposition dans la Constitution *Ex quo singulari* du 5 Juillet 1742.

Il va sans dire que par ses décisions, la Cour romaine n'a point entendu supprimer les expressions que j'appellerai descriptives de la Divinité. C'est ainsi, par exemple, que les missionnaires continuent à se servir, pour la décoration de leurs églises, du titre 萬有眞原 *Wan-yeou-tchen-yuen,* « La vraie source de tous les êtres», et de 眞主宰 *Tchen-tchou-tsai,* «Véritable Maître et Seigneur», offerts en 1711 par *K'ang-hi* à l'église des Jésuites français. Le catéchisme catholique et les livres de religion ont consacré cette dernière expression, ainsi que d'autres semblables : 全能者 *Ts'iuen-neng-tché* «Le Tout-puissant», 造萬物者 *Tsao-wan-ou-tché* «Le Créateur de l'univers», etc., etc.

5°—*Roma locuta est, causa finita est*.... parmi les Catholiques. Plus tard, la même question, ardemment discutée, divisera les Protestants. Nous n'avons aucun intérêt à suivre les différentes phases de cette controverse ; quelques mots la résumeront suffisamment.

La Bible de 1820, dite de Marsham, Baptiste anglais, a le caractère *Chen* 神 «Esprit» pour «Dieu». De même, celle de 1823 par Morrison et Milne. Le Nouveau Testament de 1835, par Medhurst, Gutzlaff et Bridgman, emploie le mot *Chang-ti* 上帝. De même, la Bible de 1847-53 par Medhurst, Stronach et Milne. Le Nouveau Testament de 1862, par Bridgman et Culberston, adopté par la Société biblique américaine, reprend le mot *Chen*. De même, celui de 1853, par Goddard et Dean, pour les Églises Baptistes ; revu par Lord en 1883. Celui du Dr John se sert de *Chang-ti*. Celui de Burdon et Blodget a eu recours au mot *T'ien-tchou* 天主 (1).

En 1880, le Dr J. Chalmers résumait ainsi l'état actuel de cette «interminable controverse» : « Il y a trois vues soutenues par des sections puissantes de l'armée des missionnaires : 1. Celle des «Romanistes» est négative. Il n'y a, disent-ils, aucun mot pour Dieu en chinois, nous devons en faire un. Nous faisons l'expression «Seigneur du Ciel» 天主, pour représenter Dieu. 2. Les Réformateurs tiennent que le mot chinois pour Dieu est 帝 ou 上帝... Ce parti comprend *tous* les Allemands, *tous* les Presbytériens Anglais et Écossais, *tous* les Wesleyens, et *tous* les missionnaires de Londres. 3. Le troisième parti, au contraire, dit que *Ti* ou *Chang-ti,* signifie le «Firmament déifié,» et que le mot 神 *Chen*.... veut dire en réalité *dieux* et *Dieu* (2).»

---

(1) Ces notions sont extraites de deux études de Wm. Muirhead et de John Wherry, dans les *Records of the general Conference of the Protest. Missionaries of China*, 1890, pp. 34 à 40, et 47 à 56. — Muirhead observe que l'Église russe de *Pé-king* a adopté la terminologie des Catholiques.

(2) Cf. *The China Review*, Vol. IX, p. 190.

Citons encore, pour mémoire, un essai de retour au mot *Aloha* (1) et l'invention d'un nouveau terme 至 神 *Tche-chen* «L'Esprit souverain» (2).

Vainement, l'évêque J. S. Burdon de *Hong-kong*, «pour mettre un terme aux amères discussions qui peuvent scandaliser les Chinois, suppliait ses frères d'user d'une mutuelle tolérance et de laisser libre à chacun l'emploi des cinq termes, aujourd'hui d'un usage général parmi les missionnaires de Chine, à savoir : *Chang-ti* 上 帝, *Chen* 神, *Tchou* 主, *T'ien-tchou* 天 主, *Chang-tchou* 上 主 (3).» Personne ne voulut céder, et la Conférence générale de *Chang-hai*, des 7-20 Mai 1890, montra une fois de plus la faiblesse d'une société sans tête. «Nous méconnaissons une telle autorité (du Pape), disait Muirhead, mais nous en sommes venus aux mêmes disputes, souvent poussées jusqu'à l'acrimonie des sentiments, à l'affaiblissement et à la séparation de nos forces chrétiennes!»

---

(1) Cf. *Chinese Repository*, 1850, p. 96.
(2) Cf. *Ch. Rev.*, Vol. III, p. 342.
(3) Cf. *The Chin. Recorder*, Vol. VI, 1875, p. 149.

LE TERME T'IEN-TCHOU.

J. Legge, encore jeune à cette époque, écrivait en 1852 : «The combination T'een-choo (T'ien-tchou) is a Popish invention. — «Timeo Danaos et dona ferentes (1).» Les faits protestent contre cette assertion d'une jeunesse trop ardente : en réalité, le nom de «Maître du Ciel» 天 主 n'est pas une «invention papiste»; bien avant la décision des papes, il désignait «un des huit dieux qui ont existé dès l'antiquité, et Indra chez les écrivains bouddhiques (2)».

Ruggieri et ses premiers compagnons ignoraient sans doute cette coïncidence, lorsqu'ils crurent inventer ce nom; mais Ricci ne dut point tarder à l'apprendre, tout au moins des Lettrés chrétiens qui l'entourèrent à *Pé-king*.

Nous savons en outre qu'«un Bonze celebre (du *Tché-kiang*), qui seul, mais sans succès, osa combattre l'admirable Livre du Pere Ricci, sur la Notion de Dieu, fit mention des cent, des mille, des centaines de mille d'Idoles connues sous le nom de *Tien Chu (T'ien-tchou)* (3).» Cette révélation, si toutefois c'en fut une pour Ricci, dut médiocrement le surprendre. Les mots Θεός et Deus, à Athènes et à Rome, étaient-ils d'un usage plus orthodoxe, avant d'avoir été adoptés, christianisés par les Apôtres?

En tout cas, ce point était très bien éclairci au moment où la discussion du terme était portée à Rome (4); bien plus, il était admis par les adversaires de *T'ien* et de *Chang-ti*. Pour nous borner à un exemple, Charmot, l'un des plus actifs parmi les contradicteurs des Jésuites, va jusqu'à accorder que les Lettrés donnent parfois le nom de *T'ien-tchou* au ciel matériel (5), ce qui du reste ne paraît pas absolument exact (6); plus loin, il restreint aux seuls idolâtres (bouddhistes) l'usage de ce mot (7).

---

(1) *The Notions of the Chinese concerning God and Spirits*, 1852, p. 131.

(2) *Les Mémoires historiques de Se-ma Ts'ien*, par Éd. Chavannes, Tom. III, 2e P., p. 432 et not. 5.

(3) Lettre du P. Bouvet du 30 Oct. 1707, citée dans *L'Etat présent*, etc., p. 307. — Longobardi, dans son *Traité*, p. 17, cite également l'ouvrage de ce bonze, mais pour en tirer des conclusions opposées à Ricci. — L'évidente exagération des chiffres rapportés plus haut n'infirme en rien notre exposé.

(4) *De Ritibus Sinensium*, etc., pp. 5; 93 et passim.

(5) Cf. *Hist. cult. Sin.*, Cologne, 1700, p. 134.

(6) L'auteur de l'ouvrage *De Rit. Sin.* rapporte la même chose sur l'unique autorité de l'Évêque Franciscain de Leonissa (pp. 112; 125), lequel a eu probablement en vue le *T'ien-tche-tchou-tsai* 天 之 主 宰 des Lettrés. Cf. *Y-king* du P. Régis, 1839, pp. 570, 571. *The Notions of the Chinese*, pp. 69, 70. *Monothéisme*, etc. du P. Prémare, p. 27.

(7) «Vox *Tiēn Chū* (*Hist. cult. Sin.*, p. 302) apud solos Idololatras usurpatur.» Cité dans *De Rit. Sin.*, p. 112.

Au même temps, les missionnaires de la Compagnie affirmaient comme un fait constant, que dans les diverses provinces de la Chine, il se trouvait plus de trente idoles (1) honorées sous le nom de T'ien-tchou (2). Le Père Favre citait, entre autres, «un de ces temples dans la ville de Ta-t'ong (大同) au Chan-si (山西), l'autre auprès de Pé-king, sur la célèbre montagne Che-king-chan 石景山 (Xe Xim Xam). Ces temples portaient ce titre sur leur porte : 天主廟 T'ien-tchou-miao (3).»

Le Père Bouvet, dans une lettre du 30 Octobre 1707, croit expliquer la raison de la répugnance de l'Empereur K'ang-hi et des Lettrés pour les caractères T'ien-tchou, «que ces Savans, dit-il, regardent comme des termes étrangers et propres de la Secte des Chinois idolâtres, qui adorent l'idole de Foé (Fou 佛) (4).»

En réalité, le mot T'ien-tchou est d'origine fort ancienne. Se-ma Ts'ien, qui le cite comme le nom du premier des Huit Esprits (八神), donne à son sujet les explications suivantes : «L'an 219 av.J.-C., Che-hoang 始皇 des Ts'in 秦 se dirigea à l'Est vers le bord de la mer ; il fit là les sacrifices rituels aux montagnes célèbres, aux grands fleuves et aux Huit Esprits... Ces Huit Esprits existaient dès l'antiquité. Quelques-uns font remonter ces sacrifices à 姜太公 Kiang-t'ai-kong de Ts'i 齊 (1222-1078).... On ignore à quelle époque ils commencèrent. Le premier des Huit Esprits s'appelle T'ien-tchou ; on lui sacrifiait à T'ien-ts'i 天齊 «Nombril du Ciel» : 八神一曰天主祠天齊 (5)... Le second s'appelle Ti-tchou 地主 «Le Seigneur de la Terre»... Le 3ᵉ Ping-tchou 兵主 «Le Seigneur de la Guerre»... Le 4ᵉ Yn-tchou 陰主 «Le Seigneur du principe Yn».... Le 5ᵉ Yang-tchou 陽主 «Le Seigneur du principe Yang».... Le 6ᵉ Yué-tchou 月主 «Le Seigneur de la Lune».... Le 7ᵉ Je-tchou 日主 «Le Seigneur du Soleil»... Le 8ᵉ Se-che-tchou 四時主 «Le Seigneur des quatre Saisons».

M. Éd. Chavannes a établi le bien-fondé de la traduction précédente, mettant la ponctuation après et non avant le mot Tchou 主 ; les textes qui pourraient lui être opposés (en leur supposant

---

(1) Voir plus loin une explication de ce chiffre.

(2) De Rit. Sin., pp. 96 ; 124.

(3) De Rit. Sin., p. 112.

(4) Dans l'Etat présent, etc., p. 304.— Mentionnons en passant, un pamphlet récent, et en réalité plus naïf que méchant, du Bishop Moule, (辨羅瑪眞教問答, 1900, fol. 24), où l'écrivain protestant, rappelant Ts'in-che-hoang et Indra, s'efforce de discréditer le mot T'ien-tchou employé par les Catholiques depuis trois siècles pour désigner le vrai Dieu. Il suppose, par ignorance sans doute, que les Jésuites et la Cour de Rome ont maintenu ce terme «sans se rendre compte» de ses fâcheux antécédents. Nous avons vu plus haut que c'est le contraire qui est absolument vrai.

(5) Cf. Che-ki 史記, Chap. Fong-chan 封禪. — On appelait «Nombril du Ciel» une source située au plus bas des montagnes au sud de Lin-tche 臨菑 (Chan-tong 山東).

une autorité égale), à savoir 日 祠 et 四 時 祠 (1) s'expliqueraient dans le sens de 日 主 祠, etc., à peu près comme dans la religion des Lettrés le mot T'ien «Le Ciel», est pris comme synonyme de Chang-ti «Suprême Dominateur», de T'ien-tche-tchou-tsai «Seigneur et Gouverneur du Ciel».

Vraisemblablement, le culte de ces Esprits était d'origine taoïste. Il passa avec la Dynastie éphémère qui l'avait établi ou réhabilité (2).

H. Blodget a rapporté, sur la foi de commentateurs chinois, une autre mention ancienne d'un culte rendu à T'ien-tchou par la tribu mongole des Hieou-tchou 休 屠 (3). Mais cette allégation est peu fondée : le texte du Ts'ien-Han-che 前 漢 史 (55ᵉ Kiuen) (à la date de 121 av. J.-C.), dit seulement que Ho K'iu-ping 霍 去 病, général de Ou-ti 武 帝, ayant vaincu les Hiong-nou 匈 奴, s'empara de la statue d'or qui servait aux Hieou-tchou pour sacrifier au Ciel 收 休 屠 祭 天 金 人. Sur quoi Jou-choen 如 淳 écrit cette note : 祭 天 以 金 人 爲 主, «Pour sacrifier au Ciel, on se servait d'une statue d'or comme représentant». Au 94ᵉ Kiuen (上) de la même Histoire, consacré aux Hiong-nou, l'annaliste ne parle pas davantage de T'ien-tchou : 得 休 屠 王 祭 天 金 人. Mong K'ang 孟 康 ajoute ce commentaire 匈 奴 祭 天 處·本 在 雲 陽 甘 泉 山 下·秦 奪 其 地·後 徙 之 休 屠 王 右 地·故 休 屠 有 祭 天 金 人 像 也·師 古 曰·作 金 人 以 爲 天 神 之 主 而 祭 之·即 今 佛 像 是 其 遺 法. «L'endroit où les Hiong-nou sacrifiaient au Ciel était d'abord à (90 li N.-O. de) Yun-yang, au bas du mont Kan-ts'iuen (Prov. du Chen-si 陝 西). Les Ts'in s'étant emparés de leur territoire, ils passèrent sur celui du prince des Hieou-tchou, c'est ainsi que ces derniers possédèrent la statue en or servant à sacrifier au Ciel.» Jusqu'ici aucune allusion à T'ien-tchou. Le texte qui suit parle seulement du «représentant de l'Esprit céleste» 天 神 之 主.

Ne pourrait-on expliquer pareillement les textes suivants? Le Han-chou-yn-i 漢 書 音 義 modifie ou complète, ainsi qu'il suit, la fin du texte précité de Mong K'ang : 故 休 屠 有 祭 天 金 人 像·祭 天 主 也 (4). De même, le commentaire Souo-yn 索 隱 de Se-ma Tcheng 司 馬 貞 (vers 720) rapporte cet autre témoignage : 韋 昭 云·作 金 人 以 爲 祭 天 主. Enfin, le Tcheng-i 正 義, après avoir cité le Kouo-ti-tche

---

(1) Les Mémoires historiques de Se-ma Ts'ien, Tom. III, 2ᵉ P., pp. 432, 433.

(2) Telle est l'opinion de J. Legge, dans The Texts of Tâoism, P. 1, p. 41. «The Tâoist proclivities of the founder of the Khin dynasty are well known. If his life had been prolonged, and the dynasty become consolidated, there might have arisen such a religion in connexion with Tâoism, for we have a record that he, as head of the Empire, had eight spirits to which he offered sacrifices.» — Cf. The Manual de Mayers, pp. 327, 328. — The use of T'ien chu for God, par Blodget, 1893, p. 10.

(3) Cf. The use of T'ien chu for God, p. 10.

(4) Une autre édition porte 天 人 au lieu de 天 主 !

括地志, conclut ainsi: 按金人卽今佛像·是其遺法·立以爲祭天主也 (1).

En tout cas, quelques siècles après cette défaite des *Hiongnou*, le Bouddhisme prenait clairement à son propre compte le nom *T'ien-tchou* pour l'attribuer par excellence à une de ses divinités, *Indra*, «le dieu du ciel, du firmament, de l'air, du tonnerre, de la pluie, de la guerre (2)». — «C'était, dit Eitel (3), l'un des plus anciens dieux du Brahmanisme, adopté par le Bouddhisme à cause de sa popularité. Il représente maintenant le pouvoir séculier, vaillant protecteur de l'église bouddhiste. Il est néanmoins regardé comme inférieur à S'akyamouni et aux Saints bouddhistes.... Son emblème est le *Vajra* (4)... Il est encore désigné par l'épithète de *S'akra*.»

De fait, les lexiques chinois-bouddhiques nous donnent l'expression *T'ien-tchou* 天主 comme équivalente des mots sanscrits *Indra, S'akra, Devendra,* tous synonymes. Ainsi l'ouvrage *I-tsié-king-yn-i* 一切經音義 de *Hoei-lin* 慧琳 (735-820) définit *Indra* 因坻 (al. 因提㮈, 因陀囉) par les mots *T'ien-tchou* 天主, *T'ien ti* 天帝 et *Che* 釋 (5); *S'akra*, 尸迦, par les mots *T'ien-tchou Ti-che* 天主帝釋 (6); *Devendra* 釋提桓因, par les mots 三十三天主, etc. (7).

Le même recueil revient plusieurs fois sur cette dénomination de *T'ien-tchou*, attribuée à *Indra*. Par exemple, sous les mots 乾闥婆, 聖手及持鼙, 訶梨怛雞, quand il parle des *Gandharvas*, musiciens d'*Indra*, des chefs militaires de ce dieu, d'un fruit médicinal apporté par lui, etc. (8).

On sait qu'*Indra* est censé présider (et de ce chef, il est bien nommé *T'ien-tchou* «Seigneur du Ciel ou des *Devas*») au centre du mont Mérou, aux 三十三天 «demeures des trente-trois *Devas*» (9), ses anciens compagnons. C'est probablement cette

---

(1) Cf. 史記 評林, 110ᵉ *Kiuen*.

(2) *Du Brahmanisme*, par Mgr Laouenan, Tom. I, 1884, p. 249.

(3) *Handbook of Chinese Buddhism*, 1870, p. 46.

(4) *Handbook*, p. 158. «Sceptre d'Indra comme Dieu du tonnerre et des éclairs, avec lequel il extermine les ennemis du Bouddhisme.»

(5) 因坻…正翻名天主·以帝代之·故經中亦稱天主·或稱天帝釋者·並位之與名也. — Constatons en passant que les expressions *T'ien-tchou*, *T'ien-ti* (et bientôt *T'ien-wang*) étaient ainsi synonymes.

(6) 尸迦…梵語·卽天主帝釋之別號也·

(7) 釋提桓因·忉利天王·三十三天主·卽帝釋天王. — Le *Sûtra* 佛頂尊勝陀羅尼經, de *Buddhapála*, appelle *Indra* 忉利天主. 釋提桓因.

(8) *Item*, sous le mot 胭兜 (*Santushta?*) synonyme d'*Indra*.

(9) Cf. Eitel, *Handbook*, ad voc. *Traiyastrims'as*. — Burnouf, *Introduction à l'histoire du Bouddhisme*, pp. 202; 604, 605. — Rémusat, *Foe koue ki*, pp. 64, 65; 128, 129; 144.

nomination (三十三天主), mal comprise, qui a fait parler aux anciens Jésuites de «plus de trente T'ien-tchou».

Arrêtons-nous un instant à la double traduction du mot T'ien-tchou, que nous venons de donner.

Par lui-même, le caractère 天 T'ien désigne indifféremment «le Ciel» et «Dieu» (ou les dieux) (1). Il serait donc impossible de dire, sur la simple inspection du terme T'ien-tchou appliqué à Indra, s'il signifie «Seigneur du Ciel», ou bien «Seigneur des dieux (Devas)». Mais, à défaut du texte sanscrit correspondant à la dénomination chinoise, les lexiques sanscrits ne nous permettent pas d'affirmer davantage si c'est dans le premier ou dans le second sens, que T'ien-tchou doit être ici entendu. En effet, nous y trouvons d'une part, les expressions suivantes : Suragrâmani «le chef de la troupe des dieux, Indra»; Surapati «le maître des dieux, Indra»; Surendra «le chef des dieux, Indra»; Devatâdhipa «le chef des Devas, Indra»; Devapati «maître des dieux, Indra»; Deves'a «seigneur des Devas» (2). D'autre part, les expressions : Svargapati «maître du svarga ou paradis, Indra»; Nâkanâtha, «le maître du Ciel, Indra». De là, l'impossibilité de conclure à un sens plus précis, et la justification du mot choisi, T'ien, répondant au double sens hindou.

Quoi qu'il en soit, le mot T'ien-tchou a été appliqué, au moins accidentellement, par le Bouddhisme, à d'autres personnalités qu'à Indra. 1° En général il semble avoir été donné aux maîtres des cinq autres Devalokas. Ainsi, suivant l'ouvrage chinois cité plus haut, 須炎摩 Yama (3), maître du 2ᵉ T'ien, est appelé simplement T'ien-tchou. Dans le 4ᵉ T'ien, 兜率陀 Tushita, le Bodhisattva Maitreya 彌勒菩薩 qui préside est appelé T'ien-tchou à l'époque des T'ang 唐. De même, Mâra 天魔 qui préside au 6ᵉ T'ien, Paranirmita vas'avartin, est appelé 第六天主. 2° Il paraît avoir été appliqué de la même façon aux maîtres des Brahmalokas. Du moins, j'en trouve un indice sous le mot 嚩囉呬天, où il est dit que Mahes'vara (al. S'iva) est le T'ien-tchou du 色究竟, Akanishtha, le 18ᵉ Brahmaloka (4). 3° Il a été également attribué à un Bouddha, dans les litanies des Mille Fou. Par exemple, sur le 賢劫 (Bhadrakalpa) 千佛名經, gravé en l'an

---

(1) «The Sanscrit deva, the Latin Deus, have no other equivalent in Chinese than t'ien, «heaven». At the same time devaloka, the «heaven of a deva», is also translated by t'ien, thus causing some confusion.» — Chinese Buddhism par J. Edkins, p. 362.

(2) Cf. Dictionnaire sanscrit de Burnouf et Leupol.

(3) Cf. Foe Koue Ki de Rémusat, p. 144.

(4) Remarquer que Indra, Maitreya, Mahes'vara, etc., possèdent encore chacun le titre de T'ien-wang 天王, Devarâja, bien proche, comme écriture et comme sens, du mot 天主.

1096 (1) dans la tour de la pagode *Tch'ong-ming-se* 崇明寺, à *Kiu-yong* 句容 (Départ. de *Kiang-ning Fou* 江寧府), je lis sous le N° 939 l'invocation *T'ien-tchou-fou* 天主佛 «Bouddha Seigneur des cieux ou des Devas.»

En résumé, *T'ien-tchou* est un mot qui a convenu aux représentants les plus populaires de la hiérarchie bouddhique (2), mais principalement à *Indra*. J'ignore à quelle époque précise les Hindous ont fixé la traduction *T'ien-tchou* pour désigner *Indra*. Elle était certainement acceptée avant l'existence du lexique cité plus haut, et dès le commencement du V° siècle ; nous en avons pour garant la curieuse histoire suivante, tirée des Annales des *Song* antérieurs (3).

Pi-cha-po-mo 毘沙跋摩, Râja du royaume *Ho-louo-tan* 呵羅單, dans la contrée de *Java* (闍婆洲), avait, en l'an 430, envoyé des présents à l'Empereur *Wen-ti* 文帝. Trois ans plus tard, il envoyait au même des protestations d'une complète soumission. Dépossédé de son trône par son fils, il lui adresse, en 436, par l'ambassadeur *Pi-jen* 毘紉, une demande de secours, précédée des flatteries les plus conformes au génie bouddhique. Nous extrayons de ce panégyrique les quelques lignes qui regardent plus directement notre sujet. «De la ville de *Yang-tcheou* 揚州 (4) le *T'ien-tchou* sans soucis (無憂天主) compatit à tous les vivants, maintient le peuple dans la paix et dans la joie ; d'une conduite toute de pureté, d'un cœur profondément miséricordieux, il opère les conversions suivant le *Dharma* (正法治化) et honore le *Triratna* (供養三寶). Sa renommée répandue au loin est connue de tous.»

J'ignore si l'Empereur *Wen-ti* prit au sérieux cette flatteuse apothéose : on avait vu mieux que cela sous la Rome policée de Néron. Mais ce trait prouve au moins que dès cette époque le culte de *T'ien-tchou* jouissait en Chine d'une certaine popularité.

---

(1) Suivant Eitel (*Handbook*, p. 6 b), cette liste des Mille Bouddhas aurait été composée vers l'an 300, par la Secte *Mahâyâna*. Cf. NN. 403, 406 dans le *Catalogue* de Bunyiu Nanjio.

(2) Klaproth, citant le 增壹阿含經 dans une note sur le *Foe Koue Ki* (p. 218), semble attribuer d'une façon encore plus large le nom de *T'ien-tchou*, à tous «les dieux qui deviennent maîtres du Ciel». — Le lexique précité donne encore cette définition du *Bodhisattva* 商羯羅主 *(S'ankara?)*: 卽天主菩薩.

(3) Cf. 宋書, 97° *Kiuen*. — Cf. dans le *T'oung-pao* (Vol. X, pp. 160, 247), l'identification, proposée par M. Schlegel, des noms qui suivent : *Vâiça varman*, *Kalatan*, *Java* (dans la péninsule malaise).

(4) Erreur; c'est à *Kien-k'ang* 建康 (moderne *Nan-king*), qu'était alors la Cour.

Plus tard, elle alla s'agrandissant, car nombreux sont les monuments épigraphiques se rapportant à cette divinité (1).

J'en citerai encore un exemple curieux, que le Père Mathias *Tchang* a trouvé dans le *Kin-che-tsoei-pien* (160ᵉ *Kiuen*), sous le titre *Tch'ong-cheng-se-tchong-k'oan* 崇聖寺鐘欵. Au *Yun-nan*, près de *Ta-li-fou* 大理府, dans la pagode nommée *Tchong-cheng-se* 崇聖寺 (2), on trouve sur une cloche des figures bouddhiques et des caractères. Cette cloche de bronze est divisée en deux parties, supérieure et inférieure, chacune d'elles contenant six figures avec leurs noms. Cette cloche mesure plus d'un *tchang* 丈 (dix pieds) en hauteur. La partie supérieure porte les noms : 金剛, 智寶, 大輪, 妙法, 勝業 et 囗響 ; tous suivis de 波羅蜜. La partie inférieure porte les noms 增長, 大梵, 廣目, 多聞, suivis de 天王 ; puis celui de *T'ien-tchou-ti-che* 天主帝釋, et enfin celui de 持國天王.» Cette œuvre curieuse, dont j'eusse vivement souhaité d'avoir un décalque ou une photographie, est datée de la 12ᵉ année 建極 du royaume 南詔 (871).

Comme on pouvait le prévoir, les Taoïstes, ici comme ailleurs, empruntèrent au bouddhisme cet élément de succès, et *T'ien-tchou* devint un de leurs dieux. La collection *Kou-kin-t'ou-chou-tsi-tch'eng* 古今圖書集成 (3) nous donne un long extrait du livre taoïste *Kao-chang-yu-hoang-pen-hing-tsi* 高上玉皇本行集 «Vie de *Yu-hoang*» (4), où l'on nomme jusqu'à quatre fois le Dieu *Kao-hiu-ts'ing-ming-t'ien-tchou* 高虛清明天主. Les épithètes dont on l'a décoré décèlent du premier coup le génie de la secte

---

(1) Ce terme de *T'ien-tchou*, appliqué à l'Empereur de Chine par des princes bouddhistes, n'est pas isolé. Nous lisons, par exemple dans le *Tch'é-fou-yuen-koei* 冊府元龜 (*Kiuen* 999, fol. 15 v., 16 v.), qu'en la 2ᵉ Lune de l'an 718, les rois des états *Ngan* 安 et *K'ang-kiu* (Cf. Hirth, *The Roman Orient*, D 12. — M. Geo. Phillips fait de *K'ang-kiu* la Sogdiane), menacés par les Tadjiks (大食), envoyèrent à *Hiuen-tsong* 玄宗 des *T'ang*, des ambassadeurs pour lui demander son appui. Les deux suppliques royales se servent également du mot *T'ien-tchou* en s'adressant à l'Empereur : 天主領普天下賢聖皇帝… 天主普天皇帝…

Peut-être ces princes, connaissant l'expression *T'ien-tse* 天子 «fils du Ciel», donnée par la littérature chinoise à l'Empereur, n'ont-ils point osé lui appliquer ce terme, que leurs préjugés religieux confondant avec le 天子 *Devaputra* «fils des dieux» bouddhique, ne trouvaient pas assez noble ; et alors, ils auront renchéri, en substituant *tchou* «maître» à *tse* «fils».

(2) Cette pagode se trouve au N.-O. de la ville de *Ta-li-fou*, au bas de la montagne *Lien-hoa-fong* 蓮花峯; la cloche est dans une maison qui fait face à la pagode.

(3) Vol. 974. Section 神異典, 9ᵉ *Kiuen*, titre 皇天上帝, fol. 15.

(4) Voici ce qu'a écrit J. Edkins de cette divinité taoïste : «*Yu-hoang-chang-ti*, chargé du Ciel, vient immédiatement après la Trinité. Il gouverne le monde physique de son palais de jade... Il joue le même rôle que l'Indra S'akra bouddhique : de même que celui-ci est inférieur aux Bouddhas, ainsi celui-là l'est aux *San-ts'ing* 三清.» Cf: *Journal of the R. As. S. N.-Ch. Br.*, 1859, p. 310.

qui l'a adopté et rebaptisé. On ne lui attribue du reste, dans sa nouvelle famille, qu'un rôle inférieur : c'est un dieu étranger, venu à travers les airs de pays lointains, suivi de sa cour, accompagné de musiciens, précédé de semeurs de fleurs odoriférantes, de brûleurs de parfums, qui vient visiter 天 尊 *T'ien-tsuen* et en recevoir respectueusement des instructions, après avoir assisté à l'un de ses miracles.

Nous pourrions multiplier les citations de ce genre; mais cela dépasserait les limites d'une étude entreprise pour l'examen de la Stèle de *Tch'eng-tou*.

生瞻郡沙往慶
甚愯
陛作怖遂往帝
天至見如是念往何
斯事已

LA STÈLE DE TCH'ENG-TOU.

J'aurais été heureux de pouvoir signaler l'endroit exact où se trouve ce monument, mais je n'ai rien de plus précis sur ce point, que le détail rapporté au commencement, d'après les *Missiones catholicæ*. Il me paraît toutefois très probable qu'il s'agit ici du temple 青羊宮 *Ts'ing-yang-kong*, situé à dix *li* S.-O. de *Tch'eng-tou* (Cf. *Se-tch'oan-t'ong-tche*, 38ᵉ *Kiuen*, fol. 24), ainsi nommé par allusion à l'entretien de *Lao-tse* avec *I-hi* 尹喜; réparé en 1668.

Les notes chinoises, qui accompagnaient la photographie et le décalque, sont les suivantes, que nous traduisons littéralement:

«Hauteur totale du monument: 16 pieds, 40. — Hauteur du fût hexagonal: 6 pieds, 20; largeur des faces : 0ᵖ· 60 *(sic)*. — Le côté qui se voit à gauche (lequel doit être le second, si nous le rapportons aux inscriptions circulaires des trois étages supérieurs), est le mieux conservé de l'inscription. Deux autres faces sont encore en partie lisibles; quant aux trois dernières, il n'y reste plus trace de caractères.»

En réalité, les faces de l'inscription décalquée, en notre possession, mesurent 1ᵐ47 de hauteur, sur 0ᵐ32 de largeur. Chacune contient dix lignes de 40 caractères.

Le monument, pris dans son ensemble, représente grossièrement une tour, ou *Stûpa* (1) avec ses toitures ou parasols. Et de fait, l'inscription la plus élevée, celle qui fixe la dénomination spéciale de la Stèle, porte le caractère 塔 *T'a*, qui a justement ce sens. Trois seulement des six caractères de ce titre restent visibles aujourd'hui; les deux premiers 大尊 *Ta-tsuen*, et le dernier 塔 *T'a*. En présence de cette mutilation, il serait difficile de reconstituer sûrement les caractères qui font défaut. En tout cas, nous avons ici un *Stûpa* dédié au Bouddha, *Ta-tsuen* étant une dénomination spéciale de ce dernier, dans la nomenclature des Mille Bouddhas 賢劫千佛名經.

La seconde inscription peut se lire tout entière; prise de droite à gauche, comme les autres, suivant le génie de la langue chinoise, elle donne 唵嘛呢叭彌吽 *Om mani padme hûm*. Les commentateurs chinois expliquent ainsi cette formule: «Caractères thibétains qui ont un charme puissant contre le mal, et gardent des mauvaises influences» (2). — «Pratiquement, conclut

---

(1) Cf. Eitel, *Handbook*, p. 133.

(2) Edkins donne cette explication plus précise. «*Padme* is «lotus»; *mani* is a «precious stone»; *om* is a sacred «Hindoo symbol.» Cf. *Chinese Buddhism*, p. 406. — Et Waddell donne cette traduction de la formule : «*Om!* The Jewel in the Lotus! *Hum!*»

Eitel dans l'article consacré à ces mots, les sorciers en usent comme d'une formule d'exorcisme, on l'inscrit sur les amulettes, ou à la fin des livres. Elle n'est point cependant aussi populaire en Chine qu'au Thibet, où on la voit inscrite partout, sur les piliers, les murs, etc., comme font les Chinois pour une autre formule de six syllabes Namah Amitâbha (1).»

La proximité relative du Thibet explique la présence de la première formule magique dans la Stèle de Tch'eng-tou. Les préférences des Chinois furent aussi satisfaites, car justement, la troisième inscription reproduit l'invocation citée par Eitel : 南無阿彌陀佛. Namah, suivant le même auteur (2), serait «une formule d'adoration, comme l'Ave des catholiques romains (sic); constamment employée dans la liturgie, et spécialement dans l'invocation de la Trinité (Triratna), de même que dans les incantations.» Ici, la salutation s'adresse à Amitâbha, le Bouddha de la lumière infinie (3).

Venons au corps de l'inscription.

Nous avons remarqué plus haut que la seule face à peu près totalement lisible, n'est que la seconde de l'inscription : c'est donc par une suite que nous commencerons. Nous pourrons heureusement suppléer à ce déficit, au moyen de monuments analogues, contemporains, conservés dans leur intégrité.

Une classe intéressante de Stèles religieuses, connues sous le nom de 幢 Tch'oang, érigées vers l'époque où dut être composé le monument de Tch'eng-tou, nous fournira ces notions.

J. Edkins mentionne, sous le nom de 石幢, des Stèles octogonales, placées dans la cour de certains temples, à Pé-king, portant des inscriptions sanscrites, et remontant à sept siècles environ (Cf. Chinese Buddhism, p. 407). — Le C¹ Yule, dans The Book of Ser Marco Polo (Vol. II, p. 195) reproduit une de ces Stèles, qu'il intitule «Stone Chwang, or Umbrella Column, on site of Brahma's Temple, Hangchau». Elle rappelle assez bien la nôtre, comme proportions générales, mais le système des étages ou ombelles y est plus développé.

«C'est, dit-il, la formule mystique la plus commune du Lamaïsme; elle est adressée au Bodhisat Padmapâni,lequel est représenté comme le Bouddha assis ou debout sur une fleur de lotus.» Cf. The Buddhism of Tibet, p.148. — «L'origine de cette formule est obscure,écrit le même auteur (Ib., p. 149); la date la plus ancienne qu'on lui ait trouvée jusqu'ici est le XIIIe siècle.» Rien ne prouvant que notre Stèle, bien que construite, je veux le supposer, de divers morceaux, ait été complétée ou modifiée depuis sa première érection, nous pouvons reculer cette date jusqu'à la Dynastie T'ang, et probablement jusqu'au VIIIe siècle. La première lamaserie du Thibet date de 749. — Cf. Burnouf, Tom. I, p. 225.

(1) Namo'mitâbhâya. — Cf. Handbook, p. 87.
(2) Ibid., p. 81. — Amitâbha est en Chine le Bouddha le plus populaire. Ibid. p. 7.
(3) Cf. Eitel, ad voc.

Rien que pour l'époque des T'ang, l'érudit 王 昶 Wang Tch'ang cite et reproduit en partie une trentaine de ces pierres gravées, de forme généralement octogonale, et dont les dimensions varient de 1ᴾ· 35 à 9ᴾ· 60 de hauteur; avec des faces ayant 0ᴾ· 55 à 1 pied de largeur.

Toutes offrent ce trait commun qu'elles contiennent, comme la Stèle dont nous nous occupons, une formule ou prière magique 陀 羅 尼 (Dhâranî) 經, 咒, 神 咒 (1). «Ces formules, dit Eitel, sont généralement écrites en un jargon inintelligible, les copies chinoises n'étant que la translittération des sons sanscrits ou thibétains.» Wang Tch'ang, qui faisait son œuvre d'antiquaire en pur lettré chinois, ne contredirait pas ici l'auteur européen; aussi, dès la première Stèle de ce genre, il nous avertit qu'il ne transcrira pas ces pièces, non plus que le texte qui leur sert de préface : 經 咒 序 文 俱 不 錄. 後 俱 仿 此 (2). La perte de ces formules n'est pas de grande importance pour nous; celle que porte notre Stèle elle-même est presque totalement illisible, mais plus complète, elle ne nous eût rien appris d'utile.

La Dhâranî ainsi gravée est ordinairement précédée d'une *préface* et d'une *dédicace* J'entends par *préface* la légende bouddhique qui accrédite la formule. Une des légendes les plus connues est précisément celle que reproduit notre monument (3). La *dédicace* expose ceux qui ont élevé, composé et écrit l'inscription, le but, les causes de l'érection. Cette partie, qui répondait sans doute à la première face de notre Stèle, nous fait totalement défaut. Avant de traduire la préface à peu près complète, qui nous reste, montrons, par un exemple, ce que peut être une dédicace d'après une des inscriptions de Wang Tch'ang. Cette Stèle est désignée par le nom de son écrivain 康 玢 書 經 幢, et l'inscription est nommée (佛) 頂 尊 勝 陀 羅 尼 幢 銘.

Si-tchen 昔 眞, bonze de 林 野, l'a composé; le simple lettré K'ang Pin 康 玢 l'a écrite; Ts'ao Sieou-tchen 曹 秀 臻, jadis chef des prisons de la Sous-préfecture de Li-tch'eng 黎 城 縣 (au Chan-si) l'a élevée, de concert avec sa femme, née 雷, avec son frère aîné 秀 同, son frère cadet 秀 成, ses fils 英 口, 多 寶, 應 奴, 曧 子, ses petites-filles 矜 娘 et 八 八, en mémoire de sa fille Hoei-tsi 惠 寂, entrée vierge (童 貞) au monastère Sieou-ts'e-se 修 慈 寺 de la Capitale, pour y être bonzesse (尼). La 2ᵉ année Koang-té 廣 德 (764 ap. J.-C.), à la 11ᵉ Lune, les Barbares du Nord (北 狄) (4) firent irruption dans la Capitale, et pour échapper à leurs poursuites, Hoei-tsi se jeta dans un puits. La Stèle commémorative a été

---

(1) Cf. *Handbook*, p. 31 b.

(2) Cf. 金 石 萃 編, 66ᵉ *Kiuen*.

(3) Vingt-cinq sur trente des *Tch'oang* publiés par Wang Tch'ang portent pour titre de leur *Dhâranî* : (佛 頂) (尊 勝) 陀 羅 尼 經.

(4) Wang Tch'ang note qu'il s'agit des 吐 蕃 Turfans, dont une incursion est rapportée par les Annales des T'ang à cette époque.

dressée le 14 de la 10ᵉ Lune, 6ᵉ année *Ta-li* 大 歷 (771), au lieu dit *Yao-chan-hiang*, 堯 山 鄉, au N.-O. de la ville.

Telle est la substance de cette dédicace. Nous avons omis, comme inutiles ici, les plaintes touchantes d'un père pleurant la perte de sa fille, ainsi qu'un trait, servant de courte préface à la *Dhâranî*, et sur lequel nous reviendrons bientôt.

Nous pouvons dire en général que l'érection de ces monuments, outre la fin religieuse, expiatoire ou propitiatoire (1), que se proposent leurs auteurs, a pour but principal d'illustrer un ou plusieurs noms. Ce point de vue est l'élément commun de toute l'épigraphie chinoise. La Stèle de *Tch'eng-tou* n'a sans doute pas échappé à cette loi ; il nous suffit de l'avoir indiqué, sans nous mettre en peine des lacunes que nous offre son inscription.

A défaut d'autre indication, l'écriture de la Stèle révèle la date de son origine. Même sans connaitre la tradition locale qui la fait remonter à la Dynastie des *T'ang*, un lettré l'attribuera sans hésiter à cette époque. Nous reproduisons le commencement des quatre premières lignes ; on pourra en comparer la belle calligraphie à celle de la Stèle de *Si-ngan-fou* (2) et de plusieurs autres monuments contemporains (3), cités encore à notre époque comme des chefs-d'œuvre à imiter.

Outre la proportion des traits constitutifs des caractères, leur nombre et leur direction sont, dans l'épigraphie chinoise, un des plus sûrs indices de l'époque d'un monument non daté. J'ai prié le Père M. *Tchang* de relever dans la Stèle de *Tch'eng-tou* ces signes d'archaïsme, ainsi que cela avait été fait jadis pour la Stèle de *Si-ngan-fou* (4). Voici la note qu'il m'a remise à ce sujet.

«Les caractères suivants, de la Stèle de *Ts'ing-yang-kong*, sont caractéristiques de l'époque des *T'ang* :

1. 恠 pour 怪   7. 頋 pour 願   13. 㞢 pour 此
2. 経 „   經   8. 従 „   從   14. 敬 „   敬
3. 應 „   歷   9. 設 „   設   15. 授 „   投
4. 尔 „   爾   10. 総 „   總   16. 趣 „   趣
5. 所 „   所   11. 勝 „   勝   17. 塔 „   塔
6. 扵 „   於   12. 若 „   若

«Pour la comparaison, aux Stèles de 632, 653, 676 et 781 (5),

---

(1) Il paraît qu'à *Pé-king*, quand meurt un officier supérieur, l'Empereur fait don à sa famille d'une pièce de soie dans laquelle est tissé le texte d'une *Dhâranî*, et qu'on place sur le cercueil du défunt. — Voir dans *Foe Koue Ki*, pp. 91, 92, ce que dit Rémusat des «Tours de délivrance».

(2) *La Stèle chrétienne de Si-ngan-fou* Iᵉ partie, *Fac-similé*, 1895.

(3) *Ibid.* IIᵉ partie, pp. 201 à 204, 206, 207.

(4) *La Stèle* etc., P. II, pp. 234, 235.

(5) Cf. *La Stèle* etc., P. II, pp. 202; 204; 206, 207; P. I.

j'ai ajouté celle de 皇甫君碑 Hoang-fou-kiun-pei, datant de 618-627. Ces cinq monuments offrent toutes les formes ci-dessus relevées.

«J'ai de plus consulté une dizaine de petites Stèles des *Wei* (魏邑子像十種), antérieures aux *T'ang*. A cette époque, on écrivait les caractères en la forme 隸書 *Li-chou* plus ordinairement qu'en la forme actuelle 正書 *Tcheng-chou*. Or, je trouve que les 17 caractères ci-dessus révèlent une origine *Li-chou*. Je les ai aussi comparés avec des Stèles postérieures aux *T'ang*, par ex. des Dynasties 宋 *Song*, 元 *Yuen*, 明 *Ming*, et j'affirme avoir trouvé dans celles-ci très peu de caractères de la même forme.»

Si l'on rapproche ces observations de ce que nous dirons bientôt de l'époque de la grande vogue pour la légende de *Chan-tchou*, on ne nous trouvera pas téméraire d'affirmer que la Stèle est au plus tard du VIIIe siècle.

Il ne nous reste plus qu'à traduire la préface; son texte, tronqué au commencement, à cause du mauvais état de la première face de la Stèle, et en partie illisible à la première ligne de la seconde face, pourra être facilement reconstitué par la comparaison d'un récit semblable, datant de la même époque, inséré dans l'édition impériale du *Tripitaka* (1). Plusieurs points de ce récit éclairent celui de *Tch'eng-tou* (2).

---

(1) Ce *Sûtra*, traduit en 679 par le mandarin 杜行顗, est signalé dans le *Catalogue* de Bunyiu Nanjio, sous le N° 349. Une autre traduction (N° 348) avait été faite trois ans auparavant par *Buddhapâla* 佛陀波利, *S'ramana* de Caboul (Ibid., pp. 438,439). Outre ces deux *Sûtras*, relatifs à l'histoire du *Devaputra Chan-tchou* 善住天子, le Catalogue 閱藏知津 (12e *Kiuen*, fol. 4) en mentionne trois autres sur le même sujet, avec des titres légèrement différents : 1° 佛說佛頂尊勝陀羅尼經, traduction de 義淨 *I-tsing*, en 710 (Cf. Bunyiu Nanjio, N° 350). 2° 佛頂最勝陀羅尼經, traduction par un *S'ramana* de l'Inde centrale, *Divâkara* 地婆訶羅, en 682 (Ibid., N° 352). 3° 最勝佛頂陀羅尼淨除業障經, autre traduction par le même (Ibid. N° 351). — Bien plus, *Hoei-lin* rapporte, dans l'article 記佛頂尊勝陀羅尼經翻譯年代先後, les auteurs et l'époque de huit traductions de la même *Dhârani* faites en l'espace de deux siècles, depuis l'année 564, sous les 後周, à 764 sous les *T'ang*. On voit par cette énumération de quelle confiance jouissait alors le «Seigneur des Devas».

(2) La bibliothèque de *Zi-ka-wei* ne possède pas cette collection. Je suis redevable de la copie de cette préface du 佛頂尊勝陀羅尼經 à l'obligeance du P. Mathias *Tchang*, qui l'a prise à la pagode de *Long-hoa* 龍華. Le même Père a comparé le texte de *Tch'eng-tou* avec celui des quatre autres versions de la même *Dhârani*; c'est une rédaction différente.

TRADUCTION.

[En ce temps-là, le Bouddha était à S'râvastî (舍衛國), entouré des quatre assemblées (四 衆) (1), qui lui rendaient hommage, et il leur expliquait la loi. Cependant, *Chan-tchou* (善住)(2), — qui, l'un des trente-trois *Devas* du *Trayastrims'a*, menait une vie de délices, entendit soudainement pendant la nuit une voix lui annonçant qu'il devait mourir dans sept jours (3), puis s'incarner au *Jambudvîpa* (4), passer par sept états de vie (5) et ensuite descendre en enfer (6) [pour de là renaître homme, misérable, aveugle, chargé de toutes sortes de maux]. Au comble de la terreur, il courut à la demeure céleste de *Ti-che (Indra)* (7); se prosternant et frappant du pied, se lamentant et fondant en larmes, il exposa tout au Maître *(Ti)*: «Je n'ai qu'un désir: que *T'ien-tchou (Indra)* voie ce qu'il y a à faire!» Alors *T'ien-tchou*, ayant entendu ce récit, stupéfait au plus haut point, faisant réflexion à ce que voulaient dire ces sept états de vie, se recueillit dans la méditation;

---

(1) Voir, au commencement du *Lotus de la bonne loi*, de Burnouf, une mise en scène analogue. Sur les «quatre assemblées», *Cf. ibid*, pp. 3 à 5; 306; et *Introduction à l'histoire du Buddhisme indien*, p. 279, not. 1.

(2) Voici, d'après le Catalogue 閱藏知津 (12ᵉ *Kiuen*, 4ᵉ fol.), le résumé de l'histoire de *Chan-tchou*, donné à propos de la traduction de *I-ts'ing* (Cf. p. 25, not. 1). 佛在給孤獨園 (parc d'*Anâthapindika*). 善住天子七日當命終·當七受傍生身·次墮地獄·怖懼白天帝釋·帝釋爲其請救於佛·佛說陀羅尼令持·增益壽命·得菩提記· — Le même ouvrage (13ᵉ K., 14ᵉ fol.) donne ce résumé de la *Dhârani* 佛說施一切無畏陀羅尼經 (*Catal.* de Bunyiu Nanjio, N° 998), traduit à la fin du Xᵉ siècle: 佛爲帝釋天主說· On voit qu'*Indra* «Seigneur du Ciel», n'était point oublié sous les *Song*.

(3) Voir, dans le *Foe Koue Ki* de Rémusat, p. 128, ce qui concerne les mutations «inférieures ou supérieures» des habitants de ce Ciel, après les trente-six millions d'années de séjour qu'ils ont dû y faire.

(4) L'un des quatre grands continents divisant la terre, suivant les Hindous. La version du *Tripitaka* donne 閻浮, synonyme de 贍部·

(5) 七趣· Le *Tripitaka* dit 七生; le *K'ang-pin-chou-king-t'choang* dit 七返· Ces expressions sont synonymes entre elles; mais il ne faut pas les confondre avec 五道,五趣 (Cf. *T'oung-pao*, Tom. VIII, pp. 132, 196), non plus qu'avec 六道,六趣 (*Ibid.*, p. 137. Cf. Eitel, *ad voc. Gati*). Il s'agit dans notre cas des sept transformations animales qui seront décrites plus bas.

(6) On a signalé depuis longtemps l'expression 地獄 *Naraka*, comme empruntée, légitimement d'ailleurs, par les Catholiques aux Bouddhistes. Cf. Edkins, *Chinese Buddhism*, Londres, 1880, p. 357. D'autres emprunts ont été faits, p. ex. 魔 *Mâra*, pour désigner le démon.

(7) Le *Tripitaka* porte 釋提桓因天帝 «*Devendra* Dominateur céleste», synonyme d'*Indra*.

par une lumière céleste (1), il le vit (sur le point d'être transformé) en porc, en chien, en renard, en singe, en serpent venimeux, en corbeau, en vautour, et dans ces états ne manger que des choses impures. Alors T'ien-tchou, voyant cela, le cœur comme percé d'une lance, tout affligé, inconsolable, pensant qui pourrait venir au secours, à qui l'on pourrait se confier, réfléchissant encore, trouva qu'il n'y avait que Bouddha-Tathâgata-Arhat-Samyak-sambuddha (2), etc., à qui l'on pût recourir.

Alors Ti-che, ayant attendu qu'il fit jour, prit tout ce qu'il y a de fleurs odoriférantes, des aliments de toute espèce, et se rendit chez le Bouddha (3). Le saluant de façon à avoir la face vers lui, il tourna sept fois autour de lui, et l'ayant adoré et servi, il se retira pour s'asseoir à côté, puis il exposa au Bouddha le cas des sept métamorphoses de Chan-tchou: «Que seulement le Bouddha ait pitié et le délivre.». Ces mots étant prononcés, alors le Bouddha, de la protubérance placée au sommet de sa tête (4), lança une grande lumière qui éclaira tous les points de l'univers et rentra ensuite dans sa bouche. D'un air souriant, il dit à Ti-che: «Sache T'ientchou qu'il y a une (prière) efficace pour tout, appelée Fou-ting-tsuen-cheng «La divine victoire de la tête du Bouddha» (5). Elle peut mettre tous les Tathâgatas à même de recevoir l'ablution au sommet de la tête (6); elle peut protéger tous ceux qui ont des passions contre le péché en l'effaçant afin qu'ils entrent dans un état de bonheur, et que partout où ils naissent, ils se souvien-

---

(1) Littér. 天眼 «yeux célestes», faculté de comprendre instinctivement tout ce qui se passe dans le monde. Cf. Eitel, ad voc. Divyatchakchus, et Burnouf, Tom. II, p. 865.

(2) Cf. Eitel, p. 27 b. Ces trois titres sont les premiers des titres généraux décernés à tout Bouddha. Cf. Eitel, ad voc. — T'oung-pao, Tom. VII, p. 360. Nous avons préféré les expressions sanscrites à leur traduction chinoise (如來, 應, 正) qui du reste n'offre pas de difficulté, pour mieux faire ressortir l'une d'entre elles, écrite au Tripitaka : 阿羅訶 (pour Arhat), laquelle désigne Alaha, le vrai Dieu, dans la Stèle de Si-ngan-fou, ainsi que nous l'avons rappelé plus haut.

(3) Notre Stèle le nomme 佛 et 世尊; le Tripitaka 佛 et 聖尊.

(4) Appelée 烏瑟膩沙 Ushnisha. C'est le premier des 32 caractères extérieurs que doit posséder Bouddha. Il explique le titre de la Dhârani.

(5) Bunyiu Nanjio (N° 348), en rapportant les mots 尊勝 à 陀羅尼, en fait les adjectifs «honourable and excelling». Ici, force nous est d'en faire un substantif. — Notons en passant la définition trop vague de 昔眞 : 尊勝者·佛也 etc., et cette allusion, plus intéressante pour nous, au cas de Chan-tchou : 如來爲善住天主· 所說滅七返之深殃, etc., introduite dans la dédicace du Tch'oang cité plus haut. Je suppose qu'ici 天主 est employé par erreur pour 天子. Cf. pp. 23, not. 2, et 24, not. 2.

(6) Sur cette cérémonie, Cf. Eitel, ad voc. Mûrddhâbhichikta, et surtout le Sûtra 佛說大灌頂神呪經, par S'rimitra (317-322). Cf. Bunyiu Nanjio, n. 167.

nent du passé (1). Quiconque la récitera une fois, touchât-il au terme de la vie, obtiendra de la prolonger; tous les enfers, les régions des *Pretas* (2), des animaux (3), de *Yama* (4), seront (pour lui) évacués, détruits; aux royaumes du Bouddha, les portes du séjour céleste lui seront ouvertes, afin que selon ses désirs, il puisse y aller vivre.» *Ti-che-T'ien-tchou* dit alors au Bouddha: «Que Bouddha dicte sur le champ les paroles efficaces d'une prière si admirable.» Alors le Bouddha, agréant la demande de *T'ien-tchou*, prononça la *Dhârani* suivante.

Ici se termine la légende.

La *Dhârani* commence sur la 3ᵉ face de la Stèle; nous en reproduisons les quelques caractères qui restent clairement lisibles. Vers la fin de la face suivante, de la 8ᵉ à la 10ᵉ ligne, vient une conclusion qui semble contenir une date (5), puis une nouvelle instance pour montrer l'efficacité de la formule magique; le nom de *T'ien-tchou* y est encore répété... Mais laissons là ce faux «Seigneur du Ciel», qui nous a retenus déjà peut-être plus que de raison. *Soli DEO honor et gloria*.

---

(1) Cf. Eitel, *ad voc. Pûrvanivâsanu smriti djnânâ*, p. 99 b. — Burnouf, Tom. I, p. 486.

(2) Cf. Eitel, *ad voc.* — 餓鬼, litt. «démons, esprits affamés.»

(3) Ainsi appelés, dit un commentaire, parce que 非人天之正道.

(4) Cf. Eitel, *ad voc.* — 獄主, le Maître de l'Enfer 閻羅王, bien connu du peuple chinois. C'est la version de *Tou Hing-i* (閻摩盧迦) qui nous a déterminé à attribuer ce sens spécial à l'expression 獄主. *Yamarâja*, comme son nom l'indique, est habituellement qualifié du titre de 王 *Wang*, «roi», mais nous avons déjà vu, à l'occasion des noms 天主, 天王, que le caractère 王 s'échange facilement avec 主, «Maître, seigneur».

(5) Là aussi, se trouve un mot qui m'a quelque peu intrigué: 天母 *T'ien-mou* «la Mère des dieux». Il s'agit sans doute d'*Aditi* «Mère des dieux» *Devamâtri*. On sait que «Aditi, comme mère des *Adityas*, a donné le jour à Indra» (Cf. Langlois, *Harivanta*, p. 528). — Vers l'époque où nous avons vu un prince indo-chinois traiter l'Empereur de *T'ien-tchou*, (p. 17), le lettré chinois *Chen Yo* 沈約 (441-513), dans la pièce 沈約爲文惠太子禮佛願疏, use d'un procédé analogue pour désigner l'Impératrice, qu'il appelle *T'ien-mou* 天母. Il n'est guère douteux, surtout dans un morceau dont le seul titre indique la tendance bouddhique, que nous n'ayons, dans cette dénomination, une flatteuse allusion à *Aditi* «la Mère des dieux» et d'*Indra*.

2ᴇ Face

生贍部洲經歷之趣然後墮地獄中
甚惶怖速往帝釋天所稽首頓足悲啼雨泣具白於帝
惟作如是念何為之趣默然思惟以天眼觀見豬犬野狐猴蚖蛇鳥鷲於爾時
天主見斯事已如予剝心憂愁不樂念誰能救是所飯投復作是念唯有如來應正等覺
帝釋至於曉時持眾香花種種飲食徃之趣唯願世尊哀愍救援說此語已爾時世尊徑頂禮旋繞七匝恭敬供養退坐一面於世尊具白善
住七趣帝釋言天主當知有一惣持名曰佛頂尊勝能與一切令灌頂受大光明照十方界還復口中現微笑
相告帝釋言天主當知有一惣持名曰佛頂尊勝能獲延壽一切地獄餓鬼傍生獄主世界悉皆使空能
趣樂趣所生之處能憶宿命若誦一遍設盡壽者現能與一切如來令一切有情淨除業障令
開一切佛國天界之門隨持命誦

爾時世尊受天主請說此陀羅尼

3ᴇ Face

唵嘛嗜訶 揉漢援葛幹
囉杓塔牙杓塔牙比杓塔牙比杓
杓都幹薩牙幹怛塔葛達蘇葛達蘇
麻麻啞由而傘塔啞囉尼杓塔
薩昌斯囉斯述傘租的牒薩哩幹
怛然 囉諦寶支諦薩哩幹
資囉 哩述諦
幹葛斯麻囉斯

4ᴇ Face

塔諦
哩蘇幹資哩幹資囉葛兒毘杓
利幹資哩尼幹資 郝麻麻哩 物 牙比麼赫哩牙杓塔牙

天母秋月色三面八
天主當知然此總持八十八億
薄福惡趣 囉

APPENDICE.

Sarvadurgatiparis'odana ushnîsha vijaya dhâranî
(Bunyiu Nanjio, N. 349).
Traduction de *Tou Hin-i* (679 ap. J.-C.).

佛頂尊勝陀羅尼經

唐朝散郎杜行顗奉制譯

稽首一切智

如是我聞一時佛在舍衛國祇樹給孤獨園與大比丘衆八千八俱菩薩三萬二千逮得正智照明諸法於知所知了无罣礙其名曰觀自在菩薩得大趣菩薩彌勒菩薩文殊師利童眞菩薩蓮華勝藏菩薩手金剛菩薩持地菩薩虛空藏菩薩除一切障菩薩普賢菩薩而爲上首如是等三萬二千菩薩摩訶薩衆復有萬梵摩天吒梵摩而爲上首從餘生界來詣佛所俱在會集諸釋天衆與無量天龍夜乂乾闥婆阿修羅迦樓羅緊那羅摩睺伽人非人等俱來在會爾時聖尊四衆圍遶恭敬供養而爲說法時三十三天善法堂中有天名善住處大寶宮縱歡樂妓麗侍奉嬉戲馳觀覽娛情悉暢所欲忽夜有聲呼天善住汝終期至七日當死七生閻浮入於地獄後或爲人貧窮生盲受諸苦惱善住聞已恐怖驚惶毛豎憂愁急詣釋提桓因天帝之所前禮帝足荒懼白帝請帝垂哀救我苦厄救我苦厄我受天樂縱心適意忽有聲言七日命終七生閻浮當入地獄後或爲人貧窮生盲受諸苦惱我今須荒心迷識亂計不知出唯帝悲愍拔救苦毒釋提桓因聞是語已深懷怪悼云何七生

默寂須臾遂見善住於此命終便受猪身豬身畢已受於狗身狗身畢已受於狐身狐身畢已受於猴身猴身畢已受於毒蛇身蛇身畢已當受驚身驚身畢已受於烏身如是七生恒食穢惡釋提桓因見是事已深哀善住當受大苦何計何從誰能救濟作是思惟唯除如來阿羅訶三藐三佛陀無能救者於是天帝其夜後分賷諸華鬘種種諸香末香燒香天衣瓔珞諸莊嚴具詣於祇林佛聖尊所頂禮雙足右遶七匝大供養已便於佛前一面而坐以善住事具白聖尊其時如來頂放大光其光雜色流照十方一切生界還至佛所右遶三匝從口入佛遂微笑告釋提桓因有佛灌頂清淨諸趣佛頂尊勝陀羅尼淨除一切業障地獄畜生閻摩盧迦生死苦惱破地獄道昇於佛路天帝此清淨諸趣佛頂尊勝陀羅尼但聽聞者生死相續一切業障種種苦患咸悉消滅當獲善果得宿命智從一佛國生一佛國從一天中生一天中乃至三十三天宮常知宿命能習持者現百年限更增其壽身口意淨心寧適樂身苦咸除獲諸善觸諸佛觀視諸天衛護一切菩薩慈愛繫念讀誦之者一切地獄畜生閻摩盧迦及諸餓鬼息除消散境域空虛一切佛刹菩薩天宮咸闢福門導之令入於是釋提桓因前白佛言聖尊憐愍攝護一切衆生唯願為說清淨諸趣佛頂尊勝陀羅尼爾時聖尊受天帝請卽說陀羅尼曰 (1)

---

(1) Nous supprimons, comme inutile, la formule de la *Dhâraṇî*.

VARIÉTÉS SINOLOGIQUES *(suite)*.

N° 14. LE MARIAGE CHINOIS AU POINT DE VUE LÉGAL, par le P. Pierre-Hoang. — 400 pages. 1898. .... $ 5.00

N° 15. EXPOSÉ DU COMMERCE PUBLIC DU SEL, par le P. Pierre Hoang. — 18 pages, avec 14 cartes hors texte. 1898. ... $ 2.00

N° 16. PLAN DE NANKIN par le P. Louis Gaillard S. J. — 1 carte en quatre couleurs. 0.93 × 0.72. 1898. .... $ 2.00

N° 17. INSCRIPTIONS JUIVES DE K'AI-FONG FOU, par le P. Jérôme Tobar S. J. — VI-112 pages in 8° avec une gravure sur bois et 7 photolithographies. 1900. .... $ 2.00

N° 18. NANKIN PORT OUVERT, par le P. L. Gaillard S. J. — XII-484 pages avec un portrait de l'auteur, deux vues de Nankin en photogravure et plusieurs cartes. 1901. .... $ 5.00

CURSUS LITTERATURÆ SINICÆ, par le P. Ange Zottoli, S. J. 5 vol. grand in-8°. .... $ 25.00

TRADUCTION FRANÇAISE DU 1ᵉʳ VOLUME, par le P. Charles de Bussy, S. J. .... $ 2.50

ÉTUDES SINO-ORIENTALES.

LES LOLOS, *Histoire, religion, mœurs, langue, écriture*, par M. Paul Vial, missionnaire au *Yun-nan*. — 72 pages, avec 2 planches d'après des photographies de l'auteur. 1898. ...... $ 1.50

PUBLICATIONS DIVERSES.

法漢字彙簡編. PETIT DICTIONNAIRE FRANÇAIS-CHINOIS *avec romanisation,* par le P. A. Debesse S. J. — pp. VI-531 in-16°, *(papier indien)* 1900. {broché .... $ 3.00 / relié peau, souple $ 3.50

漢法字彙簡編. PETIT DICTIONNAIRE CHINOIS-FRANÇAIS *avec romanisation,* par le P. A. Debesse S. J. — pp. V-580 in 16°, *(papier indien)* 1900. {broché .... $ 4.00 / relié peau, souple $ 4.50

官話指南. LA BOUSSOLE DU LANGAGE MANDARIN, traduite et annotée, par le P. Henri Boucher, S.J.—2 vol. in-8° — 3ᵉ édition, 1901 .... $ 4.50

法文初範. GRAMMAIRE FRANÇAISE CHINOISE, par le P. L. Tsang S. J. — 224 pages in-8° 1900 .... $ 2.00

法語進階. INTRODUCTION À L'ÉTUDE DE LA LANGUE FRANÇAISE À L'USAGE DES ÉLÈVES CHINOIS, par le P. H. Boucher S. J. — 120 pages in-8° 1899 .... $ 1.00

英文捷訣. A METHOD OF LEARNING TO READ, WRITE AND SPEAK ENGLISH FOR THE USE OF CHINESE PUPILS, {1ère partie 250 pages / 2ᵉ ,, 143 ,, } in-8° 1898-1899 .... $ 4.00

ATLAS DU HAUT YANG-TSE, DE I-TCHANG-FOU A P'ING-CHAN-HIEN, levé *(Nov.* 1897 — *Mars* 1898.) par le P. St. Chevalier S. J.—Dessiné au 25 millième, cet atlas comprend 65 cartes de 0ᵐ, 5 sur 0ᵐ, 4.

LA NAVIGATION A VAPEUR SUR LE HAUT YANG-TSE, par le P.S.Chevalier, S.J.—13 pages in-4°, avec 4 cartes (1899).

www.ingramcontent.com/pod-product-compliance
Lightning Source LLC
Chambersburg PA
CBHW060951050426
42453CB00009B/1147